Vente des 27 et 28 Novembre 1862

MAJOLIQUES

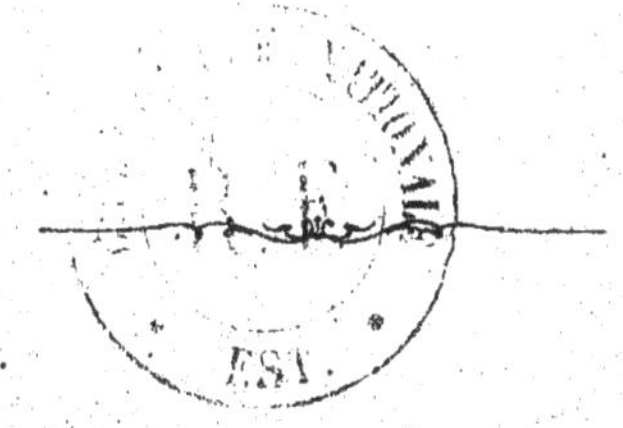

M. Ch. PILLET, Commissaire-Priseur

M. ROUSSEL, Expert

PARIS. Imp. PILLET FILS AÎNÉ, rue des Grands-Augustins, 5.

CATALOGUE

D'UNE BELLE COLLECTION DE

MAJOLIQUES

Faïences italiennes de Castel-Durante, Urbino,
Faenza, Castelli, Pesaro, etc.; Faïences françaises de Moustiers et de Nevers;
Lustres et Miroirs en verre de Venise;
Bronzes florentins et autres : Statuettes, Groupes, Figurines, Pendules, Cartels, Flambeaux, etc.;

MEUBLES ANCIENS

Grand et beau Cabinet florentin
en ébène orné d'anciennes mosaïques en pierre dure et de bronzes dorés;
Bureau vénitien incrusté d'ivoire; Tables, Guéridons, Coffrets, Prie-Dieu, en bois sculpté, etc.
Bustes, Statuettes et Bas-reliefs en marbre;
Missel, sur vélin, du XVe siècle, orné de huit miniatures;
OBJETS DE MONTRE : Bijoux, Tabatières, Pendants d'oreilles, Parure Louis XIII
Email et Pierres fines, Boîtes, Bagues, etc.; Tapisserie de Flandre
Damas broché, Soieries, Guipures;
Objets divers

Le tout arrivant d'Italie

DONT LA VENTE AUX ENCHÈRES PUBLIQUES AURA LIEU

HOTEL DROUOT, SALLE N° 5

Les Jeudi 27 et Vendredi 28 Novembre 1862

A UNE HEURE

Par le ministère de Me **CHARLES PILLET**, Commissaire-Priseur,
rue de Choiseul, 11,

Assisté de M. **ROUSSEL**, Expert,

Chez lesquels se distribue le présent Catalogue.

EXPOSITION PUBLIQUE

Le Mercredi 26 Novembre 1862, de une heure à cinq heures.

CONDITIONS DE LA VENTE

Elle sera faite au comptant.

Les adjudicataires payeront *cinq pour cent* en sus des enchères, applicables aux frais.

Paris. — Imp. DE PILLET fils aîné, rue des Grands-Augustins, 5.

DÉSIGNATION

DES OBJETS

1 — Un beau vase faïence, forme ovoïde, décoré de bustes et d'ornements, sur fond bleu ; ancienne fabrique de Castel Durante.

2 — Une paire de cornets, même décor et même fabrique.

3 — Deux vases cylindriques, très-riches d'émail et de décors : même fabrique.

4 — Un vase forme potiche, finement décoré de buste et d'ornements. Il porte la date de 1548 ; ancienne fabrique d'Urbino.

5 — Un vase semblable de forme et de décors ; même fabrique.

6 — Une paire de cornets, finement peints; même fabrique.

7 — Un vase cylindrique d'un très-beau décor; même fabrique.

8 — Un vase cylindrique d'un très-beau décor, avec cartouches et sujets tirés de la fable; même fabrique.

9 — Un grand cornet d'une forme gracieuse, avec cartouches et sujets tirés de la fable; même fabrique.

10 — Un grand cornet d'une forme gracieuse, avec la date 1549; même fabrique.

11 — Deux vases forme potiche, à médaillons et ornements gracieux; fabrique Castel Durante.

12 — Une paire de cornets, même décor et même fabrique Castel Durante.

13 — Une paire de cornets, même décor et même fabrique.

14 — Une paire de cornets plus petits, mais très-fins d'exécution; même fabrique.

15 — Deux vases forme aiguière, décorés de paysages; fabrique d'Urbino.

16 — Un vase forme sphéroïdale, d'une ornementation très-riche sur fond bleu, qualité rare; de l'ancienne fabrique de Faenza. X

17 — Une paire de gros cornets avec sujets et inscriptions ; ancienne fabrique de Pesaro.

18 — Une paire de gros cornets avec sujets et inscriptions ; même fabrique.

19 — Un vase forme bruire, gracieux de forme et de couleurs ; fabrique d'Urbino.

20 — Un vase forme d'une syrène, gracieux de forme et de couleurs ; même fabrique.

21 — Un vase cylindrique très-fin d'ornement ; même fabrique.

22 — Une paire de cornets fond blanc, portant la date 1577 ; même fabrique.

23 — Une paire de cornets plus petits, d'un beau décor ; ancienne fabrique de Faenza.

24 — Une paire de cornets plus petits, d'un beau décor : même fabrique.

25 — Une paire de cornets plus petits, d'un beau décor : même famille.

26 — Un vase à deux anses avec armoirie ; ancienne fabrique de Pesaro.

27 — Un vase à deux anses, plus petit, d'un joli décor; même fabrique.

28 — Un broc à anse, orné du lion de Saint-Marc; ancienne fabrique d'Urbino.

29 — Un broc à anse fond blanc, à ornements très-fins; même fabrique.

30 — Un broc à anse fond blanc, à ornements très-fins, avec la date de 1597; même fabrique.

31 — Un grand vase cylindrique fond blanc, même ornementation et même fabrique.

32 — Un vase à deux anses à reflets métalliques, très-riche de décor aux armes des ducs Strozzi de Florence; ancienne fabrique de Gubio.

33 — Un vase à reflets métalliques, avec médaillons; même fabrique.

34 — Un vase à reflets métalliques, plus petit, très-fin de décor; même fabrique.

35 — Un vase à reflets métalliques, à deux anses avec couvercle; ancienne fabrique de Deruta.

36 — Une grande coupe à reflets, sur piédouche; même fabrique.

37 — Une grande coupe à reflets, sur piédouche; fabrique hispano-arabe.

38 — Deux vases fond blanc, très-élégants de forme, décorés de sujets pastoraux finement peints; ancienne fabrique de Castelli. Qualité rare.

39 — Deux vases fond blanc, décorés de fleurs; ancienne fabrique de Moustiers.

40 — Deux grands vases de forme élégante, décorés en bleu de sujets champêtres. Rare spécimen des plus anciens produits de Moustiers.

41 — Deux vases en forme de jardinières, décorés en camaïeu bleu, avec figurines et mascarons en relief; ancienne fabrique de Nevers.

42 — Deux vases à médaillons en camaïeu bleu; ancienne fabrique de Savonne.

43 — Six vases à médaillons, plus petits, même décor et même fabrique. Ce lot sera divisé.

44 — Deux grands vases fond blanc avec anses à serpents, décorés de figures et de paysages; ancienne fabrique de Castelli.

45 — Deux jolis vases avec couvercles d'une forme gracieuse, très-finement décorés d'ornements et de sujets; de la plus belle qualité de l'ancienne fabrique de Moustiers.

46 — Un vase forme ovale sur piédouche avec sujets délicatement peints, ornements et mascarons en relief dorés; ancienne fabrique de Terchi.

47 — Une coupe ovale avec sujet finement peint; même fabrique.

48 — Une corbeille découpée à jour, travail gracieux; fabrique de Capo di Monte.

49 — Une corbeille découpée à jour, blanche, sur piédouche; même fabrique.

50 — Un joli vase avec couvercle, décoré de fleurs en relief; ancienne fabrique d'Ariano.

51 — Un panier à anse, travail curieux; même fabrique.

52 — Un vase rond, noir, avec anses à serpents; ancienne fabrique de Montelupo.

53 — Une pièce faïence servant d'écritoire; même fabrique.

54 — Écritoire décoré d'une figurine de Neptune; ancienne fabrique de Florence.

55 — Écritoire fond blanc, décoré d'arabesques; ancienne fabrique d'Urbino.

56 — Deux corbeilles à jour; ancienne fabrique de Strasbourg.

57 — Une belle fontaine ornée de poissons, de lézards et de mascarons, signée par Paul Hanong; ancienne fabrique de Strasbourg.

58 — Une grande fontaine, avec bassin, ornée de personnages et d'arabesques en bleu, dans le style de Bérain, ancienne fabrique de Moustiers.

59 — Une petite soupière et son plateau; ancienne fabrique de Strasbourg.

60 — Deux petits vases porte-bouquets, gracieux de décors; ancienne fabrique de Florence.

61 — Deux vases d'une forme très-élégante, décorés de fleurs; ancienne fabrique de Venise.

62 — Deux vases même décor et même fabrique.

63 — Un vase d'une forme élégante, décoré de fleurs; même fabrique.

64 — Une veilleuse d'une forme très-gracieuse, décorée de fleurs; même fabrique.

65 — Une corbeille à jour, peinte en camaïeu bleu; fabrique de Savonne.

66 — Un beau Christ en ancienne faïence d'Urbino. Pièce rare.

67 — Dix pièces ou vases en faïence divers seront vendus séparément.

68 — Un grand médaillon en relief, école de Lucca della Robbia, représentant Bianca Capello. Cette pièce est d'une belle exécution.

69 — Un autre semblable, représentant Eléonore d'Este.

70 — Un grand plat décoré d'un sujet finement peint, imitation d'Urbino, de la fabrique des Ginori, à Doccia, près Florence.

71 — Un plat à sujet et bords ornés de trophées; même fabrique.

72 — Un plat à sujet mythologique; même fabrique.

73 — Un plat à sujet mythologique ; même fabrique.

74 — Un plat à sujet tiré de l'histoire sainte ; même fabrique.

75 — Un plat à sujet et tiré de l'histoire sainte; même fabrique.

76 — Une aiguière et son plateau, d'un beau décor; même fabrique.

77 — Un plat avec sujet et aux armes des Médicis; ancienne fabrique de Pesaro.

78 — Un plat avec sujet, par Terchi; ancienne fabrique de Venise.

79 — Un plat avec sujet, en camaïeu bleu; ancien Savonne.

80 — Un plateau à contours, décoré de paysage; ancienne fabrique de Castelli.

81 — Un plat orné d'une bataille; les bords sont décorés d'attributs guerriers très-finement dessinés; ancienne fabrique de Castelli.

82 — Une coupe à godrons sur piédouche, d'un beau décor; ancienne fabrique de Faenza.

83 — Une coupe à godrons sur piédouche, d'un beau décor: même fabrique.

84 — Une coupe fond blanc à godrons, décorée d'arabesques; fabrique d'Urbino.

85 — Une coupe fond blanc à godrons, à reflets métalliques; fabrique de Deruta.

86 — Un présentoir sur piédouche, orné d'armoiries et d'attributs; fabrique d'Urbino.

87 — Un présentoir sur piédouche, aux armes des Médicis même fabrique.

88 — Un présentoir sur piédouche, décoré d'une madone, travail très-large; même fabrique.

89 — Une coupe aux armes des Médicis; même fabrique, d'un joli décor.

90 — Une coupe petite, dite *amatoria*, aux armes des Salviati; fabrique d'Urbino.

91 — Une coupe petite, avec sujet allégorique, par Francesco Xanto; même fabrique.

92 — Une coupe petite, aux armes des Strozzi; même fabrique.

93 — Un plat décoré de sujets, par Francesco Xanto; même fabrique.

94 — Un plat décoré d'une armoirie avec le monogramme de maestro Giorgio. Specimen fort rare de la première manière de ce maître lorsqu'il travaillait à Pavie.

95 — Un grand plat à reflets, hispano-arabe, avec armoirie.

96 — Un grand plat à reflets, hispano-arabe, avec armoirie et inscriptions.

97 — Un grand plat à reflets, hispano-arabe, avec armoirie.

98 — Un petit plat à reflets, hispano-arabe, très-fin de décors.

99 — Un grand plat mitation ancienne, de la faïence de Perse.

100 — Un petit plat gravé sur engobe, de l'ancienne fabrique de Laffrata.

101 — Une plaque carrée, de l'ancienne fabrique de Castelli, représentant un paysage d'une finesse remarquable, par Saverio Grue.

102 — Une plaque carrée, même fabrique; une Sainte famille.

103 — Deux plaques carrées, même fabrique; le Paradis terrestre.

104 — Deux plaques carrées, même fabrique; sujets divers très-finement peints.

105 — Deux plaques carrées, même fabrique; sujets divers très-finement peints.

106 — Un grand plat creux orné de rinceaux et de sujet champêtre; fabrique de Castelli.

107 — Une petite plaque ronde, admirable de décors; ancienne fabrique de Faenza. Pièce très-rare.

108 — Deux petites coupes, dites trembleuses, rehaussées d'or; ancien Castelli.

109 — Dix autres plats ou pièces, faïences diverses, seront vendus séparément.

110 — Un beau plateau octogone à pied et bords dentelés, style de Berain, aux armes de la famille d'Este; ancienne fabrique de Moustiers.

111 — Un plateau oblong à anses torses; même style et même fabrique.

112 — Deux plats ovales, bords à contours décorés en bleu; ancienne fabrique de Moustiers.

113 — Un sucrier à mettre le sucre en poudre, décoré en bleu; même fabrique.

114 — Douze assiettes pareilles, ornées d'arabesques très-finement dessinés; même fabrique.

115 — Un joli plateau rond, à sujet mythologique, en couleurs variées; même fabrique.

116 — Un plat ovale, à grotesques, genre de Callot, en couleurs variées; même fabrique.

117 — Un plat ovale, à grotesques, genre de Callot, en couleurs variées. Les deux portent une marque.

118 — Deux assiettes, à bord doré, ornées de fleurs, fruits et insectes sur le marli ; au centre, une scène champêtre, peinture très-fine; ancienne fabrique de Marseille.

119 — Deux compotiers ornés de fleurs et d'insectes; même fabrique.

120 — Un vase forme ovoïde, très-riche de décors; ancienne faïence de Perse.

121 — Un vase forme ovoïde, plus petit, forme bouteille; ancienne faïence de Perse.

122 — Un vase à anse, forme cylindrique; ancienne faïence de Perse.

123 — Une jolie tasse à anse; ancienne fabrique de Perse.

124 — Un coffret en ancien émail de Venise, d'un beau décor.

125 — Un verre blanc de Venise, gracieux de forme, gravé à la pointe de diamant, aux armes de Laurent de Médicis.

126 — Un verre blanc de Venise, gravé à la meule.

127 — Un verre en verre blanc doublé et à jeu d'eau.

128 — Un verre colorié, très-fin et très-léger.

129 — Une petite coupe, gravée à la pointe de diamant.

130 — Une petite coupe gravée, montée sur piédouche à mascarons soufflés.

131 — Petit vase et son plateau, ornés de filets bleu et blanc.

132 — Deux petites buires, décorées de mascarons à filigranes blanc et vert.

133 — Deux petites buires, décorées de mascarons à filets bleu.

134 — Coupe de chasse en verre émaillé d'une forme gracieuse.

135 — Dix autres pièces en verrerie de Venise seront vendues par lots.

136 — Un beau lustre à six lumières, en verre de Venise, avec fleurs de couleurs.

137 — Une lampe à suspension, en verre de Venise blanc et couleurs.

138 — Deux belles glaces gravées d'ancien Venise, richement encadrées de verre colorié, ornées de lumières et de fleurs de couleurs.

139 — Quatre petites glaces gravées en verre de Venise, dans des cadres en bois doré.

140 — Deux petits lustres en verre de Venise, à six lumières et lampe de nuit.

141 — Deux petits lustres en verre de Venise, à six lumières et lampe de nuit.

142 — Deux flambeaux en émail de Venise bleu, décors en or.

143 — Un groupe biscuit : la Jarretière.

144 — Un groupe biscuit : la Table renversée.

145 — Trois petites figurines d'ancien Capo di Monte, très-fines.

146 — Trois tasses et soucoupes; même fabrique; beau décor.

147 — Un plateau et une cafetière; même fabrique; beau décor.

148 — Deux tasses et soucoupes, fond bleu, à fleurs; ancienne fabrique de Ginori.

149 — Deux tasses et soucoupes, fond bleu, pâle à sujets; même fabrique.

150 — Une belle tasse et sa soucoupe, porcelaine pâte tendre d'ancien Vincennes.

151 — Un beau bol et son plateau, en ancien Japon; beau décor.

152 — Six tasses et soucoupes, mêmes qualité et décor.

153 — Cinq tasses et soucoupes en ancien Chine. Belle qualité.

154 — Deux jolis sucriers en ancien Japon et Chine. Belle qualité.

155 — Un ancien service à thé et à café, porcelaine de l'Inde rehaussée d'or.

156 — Deux petits vases en émail de Chine ancien, très-fins de décors.

157 — Un beau service en vieux Vienne, richement décoré et rehaussé d'or.

158 — Un grand cadre à glace en bois de noyer sculpté avec bouquet de lumières.

159 — Deux beaux cadres sculptés et dorés, style florentin.

160 — Huit petits cadres sculptés et dorés, style florentin, seront vendus par paire.

161 — Deux grandes consoles à pied, en bois sculpté et doré, style Louis XV.

162 — Deux supports rocaille, en bois sculpté et doré, style Louis XV.

163 — Quatre supports à figures de satyres, style Louis XV.

164 — Une grande vitrine en bois sculpté et doré, style Louis XV.

165 — Une petite vitrine en bois sculpté et doré pour caisse d'horloge.

166 — Deux petits candélabres à figurines en bois sculpté et doré.

167 — Un miroir à toilette très-richement sculpté et doré, style florentin.

168 — Un grand et beau cabinet florentin en ébène, orné richement d'anciennes mosaïques en pierre dure et de bronzes dorés. Pièce remarquable.

169 — Un cabinet à tiroirs, en ébène, orné d'ivoire finement gravé.

170 — Un cabinet à tiroirs, en ébène, orné d'ivoire finement gravé.

171 — Un Cabinet à tiroirs, en ébène, orné d'ivoire.

172 — Un cabinet à tiroirs, en ébène, orné d'ivoire finement gravé, sans porte-devant.

173 — Un beau meuble-bureau, à tiroirs, très-richement orné d'ivoire gravé, du meilleur style vénitien.

174 — Bureau à pieds et tiroirs, orné d'ivoire, gravé finement et d'une belle exécution.

175 — Une jolie petite table; même ornement et même style.

176 — Un petit coffret ancien en palissandre orné de cuivre.

177 — Un coffret de mariage en ébène, glaces et bronze dorés d'un travail très-fin et très-gracieux.

178 — Un coffret en bois finement sculpté et rehaussé d'or, aux armes des Médicis.

179 — Un Prie-Dieu en bois de noyer d'une belle sculpture ancienne.

180 — Une pendule Louis XV garnie de bronzes finement ciselés.

181 — Une pendule Louis XVI, avec sujet en marbre gracieu-cieusement sculpté.

182 — Une pendule en forme de chimère en cuivre repoussé et doré. Travail remarquable du XVIe siècle.

183 — Une pendule en forme de campanile, en bronze doré d'une très-belle exécution.

184 — Un cartel en cuivre époque Louis XVI, finement ciselé.

185 — Deux girandoles à deux lumières. Époque Louis XVI. finement ciselées.

186 — Deux girandoles à deux lumières. Époque Louis XVI. finement ciselées.

187 — Une paire de chenets en bronze. Époque Louis XVI. finement ciselés.

188 — Une paire de chenets en bronze, très-richement ciselés, style Louis XIV. Travail italien.

189 — Une paire de chenets en fer, gravés et ornés de pommes en fer à feuillages repoussés d'un très-bel effet.

190 — Un heurtoir en fer d'une admirable ciselure. Travail français, époque Louis XV.

191 — Un heurtoir en bronze d'une belle exécution.

192 — Un buste en bronze ancien, représentant le prince Charles d'Autriche.

193 — Un joli petit groupe d'enfants en bronze. Travail du seizième siècle.

194 — Une belle statuette en bronze florentin, représentant un guerrier à cheval ; l'exécution de cette pièce, attribuée à Tacca, est d'une grande perfection.

195 — Un petit écritoire carré en bronze, orné de ciselures d'une admirable finesse.

196 — Une lampe à deux becs en bronze, montée sur un pied, style Louis XV.

197 — Deux petits flambeaux en bronze vénitien, très-gracieux de forme.

198 — Un brûle-parfums vénitien en cuivre repoussé.

199 — Un joli petit bénitier avec madone, repoussé et doré.

200 — Un trépied florentin en fer ouvragé avec filets dorés.

200 *bis* — Un Missel sur vélin, du quinzième siècle, orné de huit miniatures et de nombreuses vignettes très-fines.

201 — Deux plats gothiques en cuivre repoussé, à ombilic et inscriptions.

202 — Deux plats gothiques en cuivre repoussé, à omblic et inscriptions.

203 — Un plat gothique en cuivre repoussé, à sujet : Agneau pascal.

204 — Une grande vasque ovale en cuivre rouge repoussé, pour jardinière.

205 — Deux grandes vasques rondes en cuivre rouge repoussé, pour jardinière.

206 — Un buste en marbre blanc de l'empereur Marc-Aurèle dans sa jeunesse.

207 — Un bas-relief en marbre blanc, ancien, représentan une tête couronnée.

208 — Un bas-relief en marbre blanc, ancien : Vénus couchée.

209 — Deux bas-reliefs en marbre blanc : deux sujets mythologiques.

210 — Deux charmantes figurines pouvant servir de supports, très-bien sculptées. Travail du XVe siècle.

211 — Une jolie petite statuette en ivoire ancien, d'une belle exécution.

212 — Une belle parure du temps de Louis XIII, émail et pierres fines, d'un travail fin et élégant.

213 — Deux pendants d'oreilles, rubis et roses de Hollande, montés sur or.

214 — Deux pendants d'oreilles, émeraudes et roses, montés sur argent doré.

215 — Un devant de corsage en rubis montés sur or.

216 — Une petite boîte à odeur en améthyste, garnie d'or ciselé très-finement.

217 — Six belles bagues, or, camées et pierres fines, seront vendues séparément.

218 — Quatre tabatières, avec émaux ou miniatures, seront vendues séparément.

219 — Un très-joli sucrier en argent repoussé et ciselé. Époque Louis XV.

220 — Deux montres anciennes, émaillées sur cuivre et sur argent.

221 — Une grande tapisserie de Flandre, sujet tiré de l'histoire d'Esther.

222 — Une pièce de damas broché ancien, pour couverture de lit.

223 — Deux grandes pièces de guipures anciennes, pour rideaux.

224 — Trois tapis de table, en soie, richement garnis de guipure, seront vendus séparément.

225 — Un grand couvre-lit en ancienne guipure d'un beau dessin.

226 — Un grand couvre-lit en ancienne guipure d'un beau dessin.

227 — Deux couvre-édredon en ancienne guipure d'un beau dessin.

228 — Trois pièces guipure pour rideaux ou couvre-lits, d'un beau dessin, seront vendues séparément.

229 — Trois pièces guipure ancienne pour ornements de meuble.

230 — Une trousse en cuir gaufré. du seizième siècle d'un admirable travail.

231 — Sous ce numéro seront vendus tous les objets non catalogués.

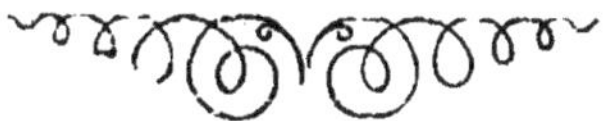

poste n° 16.

au [illegible] - petit [illegible] 25. - n° 113. -

petite cruche [illegible] - 40.

www.ingramcontent.com/pod-product-compliance
Ingram Content Group UK Ltd.
Pitfield, Milton Keynes, MK11 3LW, UK
UKHW022145260726
13993UKWH00005B/2161

9 782329 502816